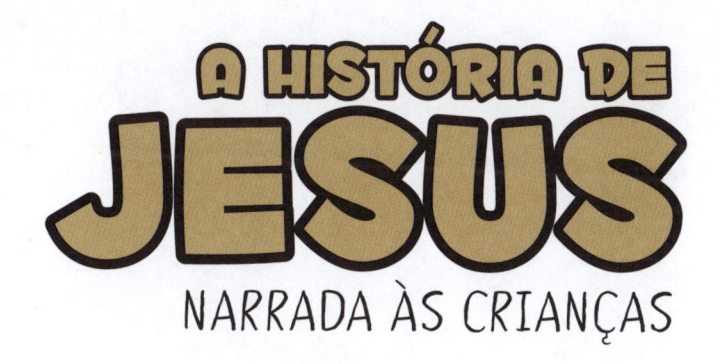

A HISTÓRIA DE JESUS

NARRADA ÀS CRIANÇAS

DOM LEOMAR A. BRUSTOLIN

A HISTÓRIA DE JESUS

NARRADA ÀS CRIANÇAS

Paulinas

Dados Internacionais de Catalogação na Publicação (CIP)
(Câmara Brasileira do Livro, SP, Brasil)

Brustolin, Leomar A.
A história de Jesus Cristo narrada às crianças / Leomar A. Brustolin ; ilustrações de Gerson Witte. — 1. ed. -- São Paulo : Paulinas, 2020.
136 p. : il., color. (Casa da Iniciação Cristã)

ISBN 978-85-356-4630-6

1. Catequese 2. Jesus Cristo - Literatura infantojuvenil 3. Histórias bíblicas I. Título II. Witte, Gerson

20-1485   CDD 226.09505

Índice para catálogo sistemático:
1. Jesus Cristo - Literatura infantojuvenil   226.09505

Angélica Ilacqua - Bibliotecária - CRB-8/7057

1ª edição – 2020
4ª reimpressão – 2025

Direção-geral: *Flávia Reginatto*
Editora responsável: *Vera Ivanise Bombonatto*
Gerente de produção: *Felício Calegaro Neto*
Capa e ilustrações: *Gerson Witte*
Diagramação: *Ascom - Arquidiocese de Porto Alegre*

Cadastre-se e receba nossas informações
paulinas.com.br
Telemarketing e SAC: 0800-7010081

Paulinas
Rua Dona Inácia Uchoa, 62
04110-020 – São Paulo – SP (Brasil)
(11) 2125-3500
editora@paulinas.com.br
© Pia Sociedade Filhas de São Paulo – São Paulo, 2020

SUMÁRIO

APRESENTAÇÃO

Aquilo que ouvimos e aprendemos, o que nossos pais nos contaram, não ocultaremos a seus filhos. Vamos contar à geração futura os louvores do Senhor e seus prodígios, as maravilhas que Ele realizou.

(Sl 78,3-4)

Caros amigos e amigas

Somente é possível falar de Deus partindo do que Ele fez por nós. As maravilhas do Seu amor que salva e liberta formam o núcleo da Bíblia. Esse amor, em Jesus Cristo, assume a carne humana, tem gestos de perdão e cuidado, tem palavras que libertam, consolam e salvam. Jesus Cristo é o nosso Senhor e Salvador.

Para que nossas futuras gerações possam crescer nesse Amor escrevemos esta *História de Jesus Cristo para crianças*. Da escuta nasce a fé. Escutar as narrativas da vida de Jesus, desde o Anúncio do anjo a Maria, até a Morte e Ressurreição do Senhor, ajuda-nos a perceber que imenso plano de amor Deus tem para nós.

Não é fácil escrever para crianças, pois elas têm sede de aprender e confiam muito nos adultos. É preciso ser claro, concreto e direto para deixar um legado fundamental. Por isso, selecionamos alguns textos dos Evangelhos que, unidos, formam uma narrativa sobre Jesus Cristo. Escrevemos alguns parágrafos para destacar pontos do que foi narrado no texto bíblico. O objetivo é conhecer Jesus Cristo para amá-lo.

Este roteiro pode ser usado na família, na escola ou na comunidade.

A família se reunirá de acordo com a sua disponibilidade para percorrer o caminho de uma catequese familiar e doméstica. Esta proposta, porém, não substitui a catequese paroquial.

A escola poderá utilizar estes encontros na pastoral ou no Ensino Religioso confessional. É importante garantir a identidade cristã de uma educação que desperte para a fé, a empatia e a solidariedade.

A comunidade poderá valer-se deste subsídio para realizar uma pré-catequese com crianças que ainda não frequentam o processo catequético.

Bom proveito e que as crianças possam crescer em idade, sabedoria e graça como o Menino Jesus.

Dom Leomar Antônio Brustolin

ORIENTAÇÕES

Os momentos propostos neste subsídio visam a oferecer os primeiros **elementos da fé** em Jesus Cristo para as crianças. Narrando passagens da vida de Jesus, é possível conhecer melhor sua pessoa e sua mensagem.

É um caminho a ser percorrido pelas crianças, a família, a escola e a comunidade para vivenciar melhor a fé cristã.

Esta programação **não substitui** a catequese paroquial nem prepara para a Primeira Comunhão ou para a Crisma.

É a iniciação da fé em família, na escola e na comunidade que visa a ajudar a formação cristã das crianças.

Conteúdo:

São propostos **30 temas** narrativos e pedagógicos, por meio dos quais a criança conhecerá os passos da vida de Jesus Cristo.

É o anúncio da Boa-Nova que é o próprio Jesus Cristo. Ele passou por este mundo fazendo o bem, foi rejeitado, morto e ressuscitou por amor e para nossa salvação.

Aqui se oferecem, também, ensinamentos sobre orações, datas comemorativas e atitudes de um cristão no cotidiano.

INDICAÇÕES

1. Organizar um espaço em algum lugar da casa, escola ou comunidade para preparar um "cantinho da oração", onde pode ser colocada a Bíblia (Palavra de Deus), o Crucifixo, a imagem de Nossa Senhora, uma vela e um vidro com água benta.

2. Organizar o tempo no qual a formação pode ser diária, semanal ou quando se tiver disponibilidade. Importante é escolher dia e horário fixos, para que o caminho seja bem percorrido.

Cada roteiro é simples e demanda um tempo breve.

3. Realizar as atividades: no final da reflexão, sugere-se uma atividade lúdica, na qual a criança memorizará melhor a cena refletida. Use-se a criatividade para realizá-la. Para valorizar o que a criança fez, pode-se deixar exposto o que foi confeccionado no "cantinho da oração". Para não acumular o material, pode-se guardar todos as atividades das crianças numa pasta ou caixa. Ficará uma bela recordação desse tempo dos primeiros passos na fé.

ROTEIRO

A estrutura de cada roteiro segue os seguintes passos:

1. Dentro do possível, procurar fazer silêncio e pedir que a criança também se prepare para escutar a Palavra;
2. Ler o texto indicado do Evangelho;
3. Mostrar a ilustração para a criança;
4. Reler o texto do Evangelho;
5. Reconstruir, com a criança, e usando suas palavras, a passagem lida, destacando personagens e falas;
6. Ler os parágrafos que explicam o sentido da passagem bíblica e sua relação com a fé cristã;
7. Perguntar à criança o que ela aprendeu de novidade e reforçar algum ponto que ela considerou importante;
8. Fazer a oração;
9. Verificar as sugestões de atividades que a criança pode realizar;
10. Registrar a atividade que a criança realizou e compartilhar, nas redes sociais, para ser divulgado como forma de motivar outras crianças a percorrerem esse caminho;
11. Acesse o site **www.jesuscristoemcasa.com.br** e compartilhe suas experiências.

O ANJO ANUNCIA A MARIA

1. Ler: Lucas 1, 26-38
2. Olhar a imagem
3. Reler
4. Reconstruir o texto

5. Conhecer

Maria era uma jovem que vivia em Nazaré, onde hoje é o país de Israel. Ela era muito especial, amava muito a Deus, era amiga de todas as pessoas e gostava de ajudar quem mais precisava. Ela estava noiva de José, o carpinteiro. Quando ela recebeu a visita do anjo Gabriel, ficou muito surpresa, mas disse sim a Deus que lhe pedia para ser a mãe de Jesus.

As palavras que o anjo disse a Maria nós rezamos todos os dias, no início da Ave-Maria: "Ave-Maria, cheia de graça, o Senhor está contigo!" Isso quer dizer: "Salve Maria! Tu agradas muito a Deus e ele te concede muitos favores. Ele está contigo."

Um dia, Jesus pediu para Maria ser mãe de todas as pessoas, por isso, ela é a mãe que Jesus nos deu, a mãe do céu que sempre cuida de nós e nos indica o caminho de Jesus. E nós a chamamos de Nossa Senhora, porque Jesus, seu filho, é Deus e, por isso, Nosso Senhor. Ela é a mãe do Senhor e nossa mãe.

A Igreja comemora o encontro de Maria com o anjo no dia 25 de março. Exatamente nove meses antes do Natal, que é comemorado no dia 25 de dezembro, quando celebramos o nascimento de Jesus.

O anjo faz um anúncio para Maria, por isso se diz que é a **ANUNCIAÇÃO** do nascimento de Jesus.

6. O que aprendi de novo?

7. Oração

Ave-Maria, cheia de graça, o Senhor é convosco, bendita sois vós entre as mulheres e bendito é o fruto de vosso ventre Jesus. Santa Maria, Mãe de Deus, rogai por nós pecadores, agora e na hora da nossa morte. Amém!

8. Atividade

Colorir o desenho da cena do anjo visitando Maria, escrever algumas palavras do anjo para Maria e a resposta que ela deu.

2 MARIA VISITA ISABEL

1. Ler: Lucas 1, 39-45
2. Olhar a imagem
3. Reler
4. Reconstruir o texto

5. Conhecer

Isabel era esposa de Zacarias. Ambos eram idosos e não tinham filhos. Certo dia, o anjo Gabriel apareceu a Zacarias e disse que Deus lhe daria um filho, apesar da idade avançada do casal. E disse, ainda, que o nome do menino seria João.

Maria soube pelo anjo que também Isabel teria um bebê. Então, ela saiu às pressas para ajudar Isabel. Viajou quase 100 quilômetros a pé até a casa de Isabel. Foram alguns dias na estrada.

Quando chegou à casa de Isabel, Maria saudou sua prima, e o bebê pulou de alegria no ventre de Isabel, porque Maria trazia, no seu ventre, Jesus, o "Salvador".

Isabel saudou Maria com algumas frases que rezamos na Ave Maria: "Bendita és tu entre as mulheres e bendito é o fruto do teu ventre: Jesus".

A Igreja comemora o encontro de Maria com Isabel no dia 31 de maio. É a **festa da Visitação**. Há uma lenda que conta que quando João nasceu a noite escura foi iluminada por uma fogueira montada para festejar o nascimento.

Por isso, na **festa de São João**, no dia 24 de junho, se costuma acender uma fogueira. O filho de Isabel e de Zacarias foi muito importante, pois preparou o caminho para a vinda de Jesus.

6. O que aprendi de novo?

7. Oração

Ave-Maria, cheia de graça, o Senhor é convosco, bendita sois vós entre as mulheres e bendito é o fruto de vosso ventre Jesus. Santa Maria, Mãe de Deus, rogai por nós pecadores, agora e na hora da nossa morte. Amém!

8. Atividade

No 1º espaço abaixo, desenhar o longo caminho que Maria percorreu entre as montanhas. No 2º, desenhar Maria visitando Isabel e, no 3º, desenhar João pulando de alegria no ventre de Isabel.

JESUS NASCE EM BELÉM

1. Ler: Lucas 2,1-16
2. Olhar a imagem
3. Reler
4. Reconstruir o texto

5. Conhecer

Maria e José tiveram que fazer uma viagem de Nazaré até Belém, para cumprir a ordem do Imperador Augusto.

Ela estava quase no tempo de ganhar o bebê.

Em Belém, chegou a hora de Jesus nascer. Mas a cidade estava lotada de gente. Não tinha lugar para eles. Foram, então, para uma gruta, onde alguns animais se abrigavam do frio.

Naquela noite, ela ganhou o seu filho Jesus, envolveu-o em faixas e o colocou numa manjedoura que é um cocho onde os animais se alimentam. Esse cocho serviu de berço para o Menino Jesus. O Senhor do mundo nasceu pobre e simples.

Na região estavam alguns homens que cuidavam das ovelhas. Eram pastores. Os anjos os avisaram de que tinha nascido um menino muito especial: Jesus. Eles foram ver e encontraram Maria, José e Jesus. A primeira visita de Jesus foi a dos pastores de Belém.

O nascimento de Jesus mudou o mundo. O calendário foi refeito a partir daquele dia. A história foi dividida em duas partes: o que aconteceu antes de Cristo e o que aconteceu depois de Cristo. Celebramos aquele nascimento no dia 25 de dezembro.

É a **festa do Natal,** do nascimento do Salvador do mundo. Nesta data trocamos presentes, mas o maior presente que a humanidade recebeu foi Jesus.

6. O que aprendi de novo?

7. Oração (Canção Noite feliz - L.M.: Franz Gruber)

Noite feliz! Noite feliz! Oh, Senhor, Deus de amor
Pobrezinho nasceu em Belém. Eis na Lapa Jesus nosso bem. Dorme em paz, oh, Jesus. (2x)
Noite feliz! Noite feliz! Eis que no ar vem cantar. Aos pastores os Anjos do Céus. Anunciando a chegada de Deus. De Jesus Salvador. (2x)

8. Atividade

Montar a cena do nascimento de Jesus. Chamamos de presépio essa representação, porque presépio era o estábulo dos animais onde Jesus foi colocado quando nasceu.

Fazer um presépio com material variado (veja exemplos na internet) ou você pode desenhar, recortar e montar a cena abaixo.

Pode-se guardar o presépio para quando chegar a época do Natal, colocá-lo num local bem visível.

JESUS É APRESENTADO NO TEMPLO

1. **Ler: Lucas 2, 21-33**
2. **Olhar a imagem**
3. **Reler**
4. **Reconstruir o texto**

5. **Conhecer**

Maria e José levaram o menino Jesus ao Templo de Jerusalém.

O templo era um grande santuário do país, um lugar onde o povo se reunia para rezar e se encontrar com Deus. O templo ficava em Jerusalém, a capital do país.

Foram apresentar a Deus o seu bebê e ofereceram como presente duas pombinhas.

Lá estava um senhor de muita fé chamado Simeão, que ia sempre ao Templo para rezar. Quando ele viu Jesus, ficou muito feliz, porque percebeu que o menino seria uma luz para toda a humanidade.

Por isso ele disse: "Agora meus olhos viram a salvação que Deus preparou para todo o povo. Este menino é a luz que vai iluminar todas as nações."

Simeão sentiu que aquele bebê era especial. Não era apenas uma criança, mas era Deus que tinha assumido a condição de um ser humano para mostrar o caminho da verdade. Jesus é Deus, Jesus é a nossa luz.

 A Igreja comemora a apresentação de Jesus no Templo no dia 2 de fevereiro. Nesse dia, são **abençoadas as velas** recordando que Jesus é nossa luz.

6. O que aprendi de novo?

7. Oração

Glória ao Pai e ao Filho e ao Espírito Santo. Como era no princípio, agora e sempre. Amém!

8. Atividade

Decorar uma vela, ou desenhar, recortar e montar uma vela de papel que recorde que Jesus é a luz do mundo.

Você vai precisar de:

Cola

Fita Adesiva

Papéis coloridos

Tesoura

5

JESUS, AOS 12 ANOS, NO TEMPLO

1. Ler: Lucas 2, 41-52
2. Olhar a imagem
3. Reler
4. Reconstruir o texto

5. Conhecer

No tempo de Jesus, na festa da Páscoa, as pessoas daquela região celebravam a memória da passagem da escravidão no Egito para a liberdade.

31

Quando Jesus tinha 12 anos, Maria, José e Jesus foram para Jerusalém, para celebrar a Páscoa. Foram muitas pessoas junto com eles.

Na hora de voltar para casa, já no caminho, Maria e José pensavam que Jesus estivesse com outras famílias ou com seus amigos. Procuraram, mas não acharam o menino.

Depois de procurar por três dias, encontraram Jesus no Templo conversando com os mestres, um tipo de professores da época. Jesus fazia muitas perguntas, e todos viram que Jesus era muito especial, pois com 12 anos fazia perguntas muito sábias.

Maria e José ficaram admirados e chamaram a atenção do menino. Estavam muito preocupados, mas Jesus disse que precisava ocupar-se das coisas de seu **Pai: Deus.**

José era o pai adotivo de Jesus. Depois, todos voltaram para casa. Maria se perguntava como seria o futuro de seu menino. E Jesus obedecia a Maria e a José. Ele crescia em idade, sabedoria e graça.

6. O que aprendi de novo?

7. Oração

Ave-Maria, cheia de graça, o Senhor é convosco, bendita sois vós entre as mulheres e bendito é o fruto de vosso ventre Jesus. Santa Maria, Mãe de Deus, rogai por nós pecadores, agora e na hora da nossa morte. Amém!

8. Atividade

Ajudar José e Maria a encontrarem Jesus no Templo entre os doutores.

JOÃO BATIZA JESUS

6

1. Ler: Mateus 3, 13-17
2. Olhar a imagem
3. Reler
4. Reconstruir o texto

5. Conhecer

Jesus viveu com José e Maria, em Nazaré, e aprendeu a ser carpinteiro, como seu pai José.

Aos 30 anos, Jesus saiu de casa para dizer às pessoas o que Deus, seu verdadeiro Pai, queria. Ele foi até o rio Jordão e lá se encontrou com João, filho de Zacarias e de Isabel. João se dedicava a falar sobre Deus e a pedir para as pessoas mudarem de vida, serem boas, justas e honestas.

João batizava as pessoas que queriam deixar o velho estilo de vida e ganhar uma vida nova. Batismo significa mergulho, batizar significa lavar. De tanto batizar pessoas que queriam mudar de vida, João foi chamado de Batista, isto é, João o "Batizador".

Quando Jesus pediu para ser batizado, João não queria batizá-lo, porque Jesus, o Filho de Deus, não precisava mudar de vida. Mas Jesus insistiu, e João aceitou. Quando Jesus saiu da água, o céu se abriu e se ouviu a voz de Deus Pai, e uma pomba que representa o Espírito Santo, veio até Jesus que é o Filho amado do Pai.

Quando fazemos o **Sinal-da-Cruz**, recordamos o Pai, o Filho e o Espírito Santo. Nosso Deus são três pessoas em um único Deus. Em seu nome, fomos batizados.

Você já foi batizado?

Tem alguma foto do seu batismo?

6. O que aprendi de novo?

7. Oração

Vamos aprender a fazer o **Sinal-da-Cruz**. Com a mão direita trace uma cruz sobre você.

Comece na testa (o Pai), desça a mão até o peito (o Filho) e em seguida toque o ombro esquerdo (Espírito) e o direito (Santo), volte com a mão ao peito e diga: Amém!.

8. Atividade

Fazer um porta-retratos com a foto de seu batizado. pode seguir o exemplo ao lado e o modelo abaixo.

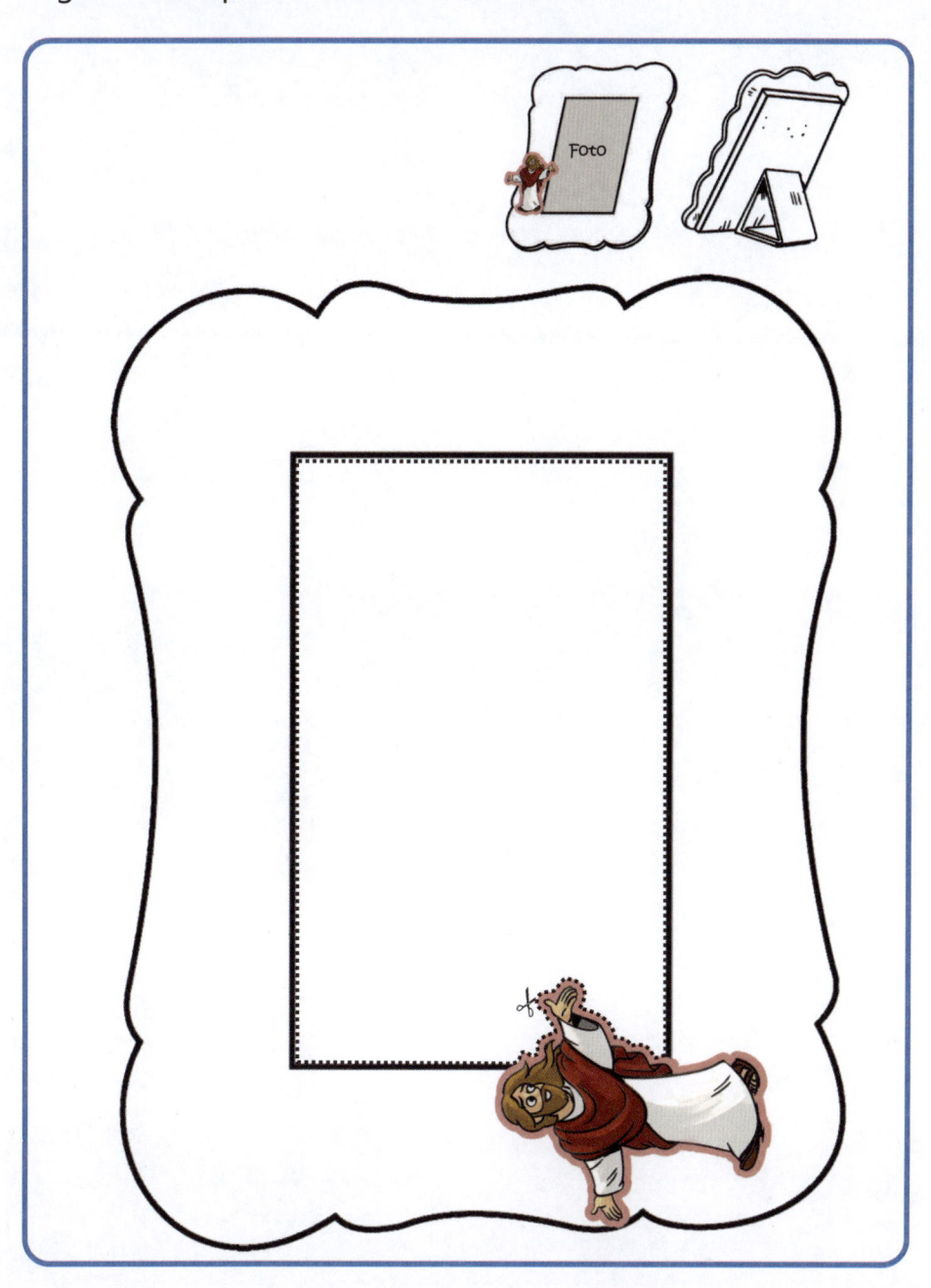

7

A MISSÃO DE JESUS

1. Ler: Lucas 4, 14-22
2. Olhar a imagem
3. Reler
4. Reconstruir o texto

5. Conhecer

Depois do Batismo, Jesus falava com as pessoas, curava alguns doentes e ensinava o caminho para conhecer a Deus.

Num dia, ele voltou para a sua cidade: Nazaré. Entrou no lugar que eles iam para rezar: as sinagogas. Nós, cristãos, vamos à igreja, os judeus vão à sinagoga.

Como na missa, na sinagoga, também se lê a Bíblia. Deram um livro para Jesus ler. Na verdade, não existia livro naquela época, tudo era escrito em rolos de papel (papiros) ou de pele de animais (pergaminhos).

Jesus abriu o livro e leu um texto antigo e importante do profeta Isaías. O texto dizia que, num dia viria alguém especial para dar uma boa notícia aos pobres, dar a liberdade às pessoas, curar cegos e proclamar um tempo em que Deus seria conhecido e amado.

Quando Jesus terminou de ler, todos tinham os olhos fixos nele. E Jesus disse: "Hoje se cumpriu o que este texto está dizendo."

Jesus é aquele que os **profetas anunciaram** que deveria vir para curar, libertar, dar uma boa-nova aos pobres e começar um tempo novo.

Jesus ensinou que é preciso cuidar das pessoas que mais precisam e amar todos sem distinção. Sem amor, não tem como chegar perto de Deus.

6. O que aprendi de novo?

7. Oração (Fazer o Sinal-da-cruz e depois rezar o Glória)
Glória ao Pai e ao Filho e ao Espírito Santo, como era no princípio, agora e sempre. Amém!

8. Atividade

Pintar com café uma folha de papel, para parecer envelhecido. Após secar, escrever algumas frases da missão de Jesus como lemos no Evangelho e a enrolar, criando assim um "pergaminho".

1. manchar uma folha de papel com café frio e sem açúcar, para que pareça ser envelhecido.
Pode usar um pincel ou um pedaço de pano.

2. Depois de seco o papel, escreva frases sobre a missão de Jesus.

3. Enrole e você terá o seu "pergaminho".

8

JESUS CONVIDA TODOS A SEGUÍ-LO

1. **Ler: Marcos 1,16-20**
2. **Olhar a imagem**
3. **Reler**
4. **Reconstruir o texto**

5. Conhecer

Jesus quis que outros colaborassem na sua missão. Por isso, foi ao lago da Galileia, também conhecido como mar da Galileia. Lá encontrou alguns pescadores trabalhando com seus barcos e redes.

Então, ele fez um convite especial: "Vamos pescar pessoas para Deus! Vamos buscar gente para fazer o bem e agradar a Deus."

Eles logo deixaram tudo e seguiram Jesus. Os primeiros escolhidos eram homens simples que se tornaram grandes amigos de Jesus.

São eles: Simão, que depois Jesus trocará o nome para Pedro e seu irmão André. Em seguida Jesus chamou mais dois irmãos: Tiago e João. Depois, Jesus chamou muitos outros para serem seus discípulos.

Eles deixaram tudo e seguiram Jesus. Esses homens começaram a aprender a amar e a cuidar das pessoas e chamar Deus de Pai.

Jesus ensinou que Deus é Todo-poderoso e criador de tudo e que nos ama tanto que podemos chamá-lo de Pai.

6. O que aprendi de novo?

7. Oração

Pai-Nosso que estais no céu, santificado seja o vosso nome, venha a nós o vosso Reino, seja feita a vossa vontade assim na Terra como no céu. O pão nosso de cada dia nos dai hoje, perdoai-nos as nossas ofensas assim como nós perdoamos a quem nos tem ofendido e não nos deixeis cair em tentação, mas livrai-nos do mal. Amém!

8. Atividade

Fazer um barquinho de papel e escrever o seu nome no barco, você também é um seguidor de Jesus.

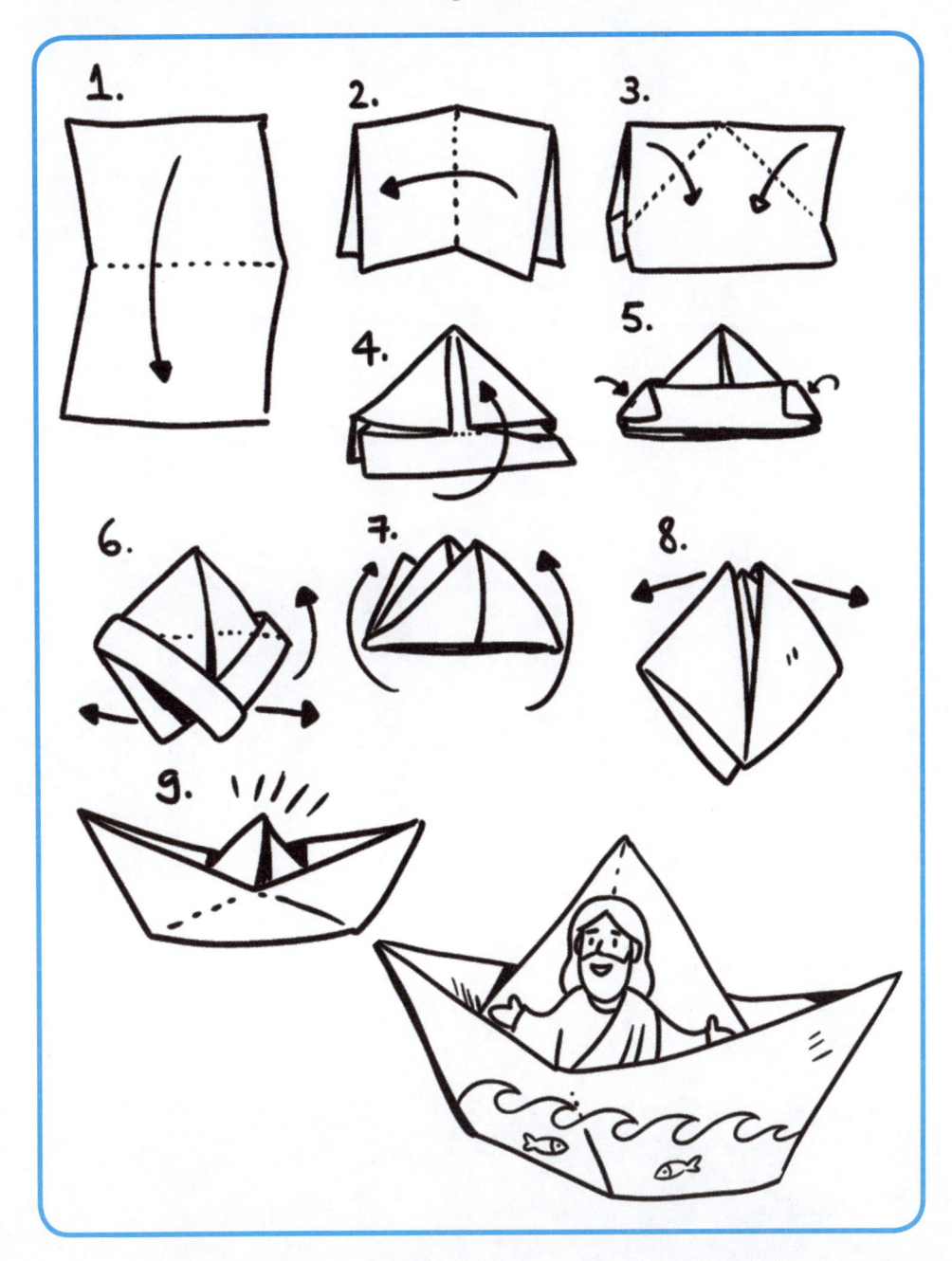

9 JESUS CURA OS DOENTES

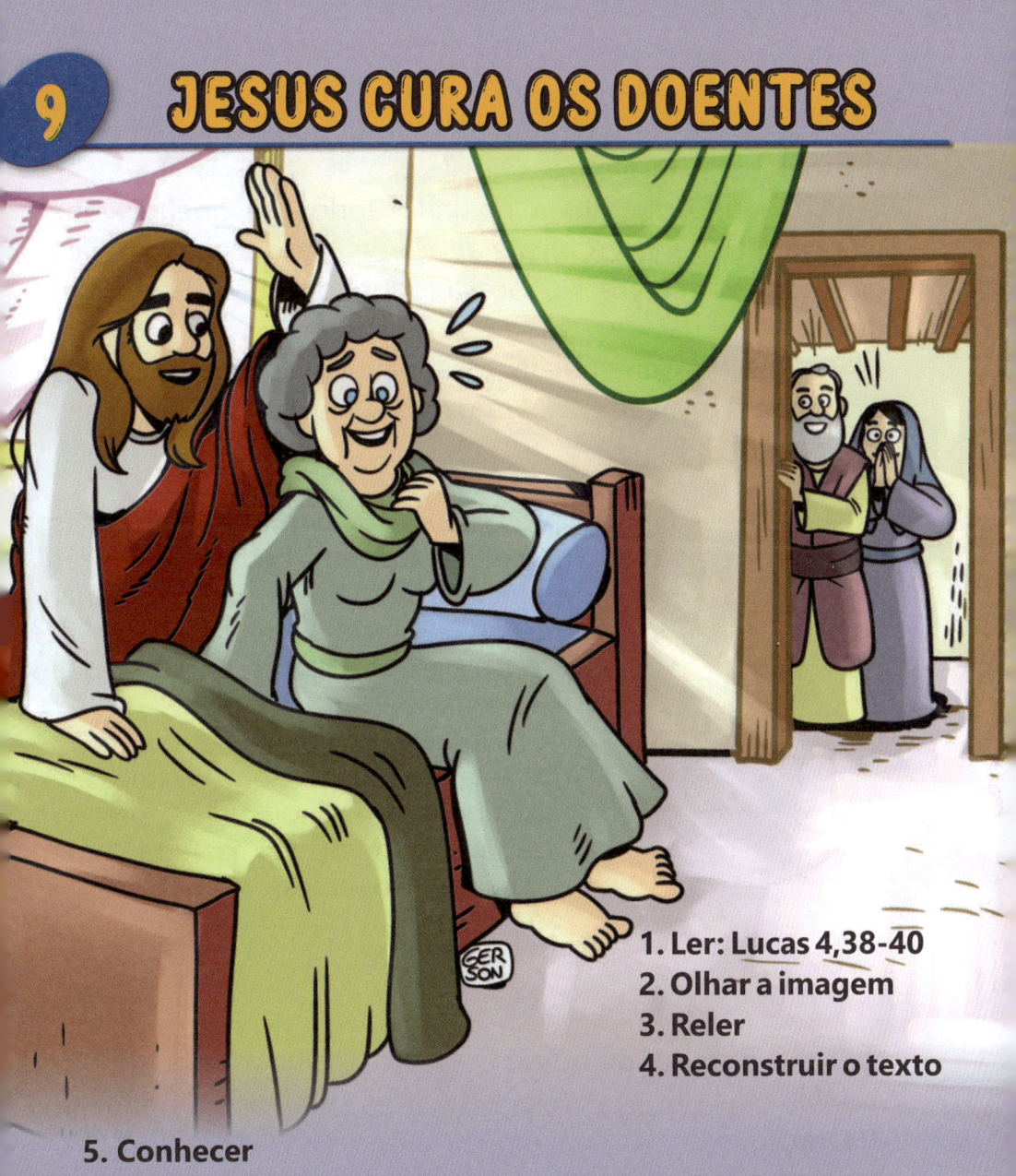

1. Ler: Lucas 4,38-40
2. Olhar a imagem
3. Reler
4. Reconstruir o texto

5. Conhecer

Jesus foi passar uns dias na casa de Pedro que morava perto do lago da Galileia. Chegando lá, Jesus soube que a sogra de Pedro estava com febre. Então, Jesus olhou para ela e pediu que a febre a deixasse. Logo ela ficou curada, se colocou de pé e foi ajudar a servir a refeição.

Todos se perguntavam como Jesus podia curar. A notícia se espalhou.

Quando chegou a noitinha, todos os doentes que moravam ali perto foram até a casa de Pedro e pediram para que Jesus os curasse. Ele tocava todos com suas mãos e lhes devolvia a saúde.

Eles não entendiam como aquilo acontecia porque ainda não sabiam que Jesus era Deus entre nós.

Jesus curava e ensinava as pessoas a fazerem o bem. Os **milagres e sinais** confirmavam para confirmar que sua Palavra vinha do céu. Era preciso prestar atenção e viver o que ele ensinava.

Jesus veio nos revelar que o Pai nos ama muito e quer que vivamos em paz, por isso ensinou que é preciso fazer a vontade do Pai na Terra como no céu fazem os anjos.

6. O que aprendi de novo?

7. Oração

Pai-Nosso que estais no céu, santificado seja o vosso nome, venha a nós o vosso Reino, seja feita a vossa vontade assim na Terra como no céu. O pão nosso de cada dia nos dai hoje, perdoai-nos as nossas ofensas assim como nós perdoamos a quem nos tem ofendido e não nos deixeis cair em tentação, mas livrai-nos do mal. Amém!

8. Atividade
Desenhar e colorir Jesus curando a sogra de Pedro

10 JESUS FAZ ANDAR O PARALÍTICO

1. Ler: Lucas 5,17-26
2. Olhar a imagem
3. Reler
4. Reconstruir o texto

5. Conhecer

Havia um homem paralisado numa cama. Estava muito triste, mas ele tinha amigos que resolveram levá-lo até Jesus. Sabiam que se Jesus visse e tocasse no paralítico, ele seria curado.

O problema é que a casa onde Jesus se encontrava estava lotada. Então, eles subiram no telhado, abriram um buraco e fizeram o doente passar por ali.

Jesus viu aquela situação e logo disse: "Homem, teus pecados estão perdoados." Ele sabia que o povo daquele tempo pensava que a doença era castigo de Deus por conta dos pecados. E todos duvidavam que um castigado fosse perdoado.

Então, Jesus mostrou que Deus não castiga, mas pode corrigir. A cura foi sinal do perdão e da vida nova que Jesus veio trazer ao mundo.

O Pai do céu nos ama muito e não deseja que seus filhos e filhas fiquem doentes.

Deus cuida de nós.

6. O que aprendi de novo?

7. Oração

Pai-Nosso que estais no céu, santificado seja o vosso nome, venha a nós o vosso Reino, seja feita a vossa vontade assim na Terra como no céu. O pão nosso de cada dia nos dai hoje, perdoai-nos as nossas ofensas assim como nós perdoamos a quem nos tem ofendido e não nos deixeis cair em tentação, mas livrai-nos do mal. Amém!

8. Atividade

Observar o exemplo abaixo e fazer uma casa de papel com dois cortes na janela, um na parte de cima e outro na parte de baixo. Desenhar uma tira com três cenas: 1) Jesus olhando para o telhado; 2) o rapaz acamado sendo baixado com cordas e 3) o rapaz em pé com Jesus. Cada cena deve ter o tamanho da janela. Depois, encaixe a tira com os personagens e assim a janela mudará de cena cada vez que você subir ou descer a tira. Se desejar, usar o modelo abaixo.

JESUS ESCOLHE 12 APÓSTOLOS

11

1. Ler: Lucas 6,12-16
2. Olhar a imagem
3. Reler
4. Reconstruir o texto

5. Conhecer

Jesus queria que a mensagem do amor de Deus Pai se espalhasse pelo mundo. Por isso chamou 12 dos seus seguidores para serem seus colaboradores mais próximos. Eles são os apóstolos. A palavra apóstolo quer dizer enviado, mensageiro. Eles deveriam ficar todo tempo com Jesus para aprender melhor e, depois, ensinar.

Antes de escolher os 12, Jesus rezou para escutar o Pai. Em seguida, escolheu Pedro que foi o líder dos apóstolos. E seu sucessor é o Papa, depois chamou mais 11 apóstolos, entre eles, Judas, aquele que depois iria trair o Mestre.

 Os apóstolos, em certa ocasião, pediram a Jesus como deveriam fazer para rezar. Então Jesus ensinou-lhes a oração do **Pai-Nosso**.

6. O que aprendi de novo?

7. Oração

Pai-Nosso que estais no céu, santificado seja o vosso nome, venha a nós o vosso Reino, seja feita a vossa vontade assim na Terra como no céu. O pão nosso de cada dia nos dai hoje, perdoai-nos as nossas ofensas assim como nós perdoamos a quem nos tem ofendido e não nos deixeis cair em tentação, mas livrai-nos do mal. Amém!

8. Atividade

Colorir as imagens, em seguida, colocar o nome em cada apóstolo, conforme a característica de cada um.

Pedro
recebeu as chaves do céu.

Mateus
também escreveu um Evangelho, mas era mais velho que João.

Judas Tadeu
tinha grande fé em Jesus, por isso tem uma medalha de Jesus no peito.

André
foi crucificado numa cruz em forma de X.

Tiago Maior
é representado com uma concha.

Judas Iscariotes
traiu Jesus, entregou o Mestre por 30 moedas de prata.

Tiago Menor
era quem se parecia mais fisicamente com Jesus.

Filipe
queria ver Deus Pai e Jesus lhe disse: "Quem me vê viu o Pai." A palavra *Pai*, na língua que Jesus falava, é *Abba*.

João
escreveu no Evangelho a vida de Jesus e era o apóstolo mais novo.

Tomé
precisou tocar nas feridas de Jesus para acreditar que ele tinha ressuscitado.

Bartolomeu
Jesus o encontrou em baixo de uma árvore.

Simão
tinha grande amor à Palavra de Deus e por ela morreu, por isso aparece com um serrote.

12

A CASA SOBRE A ROCHA

1. Ler: Lucas 6,46-49
2. Olhar a imagem
3. Reler
4. Reconstruir o texto

5. Conhecer

Jesus ensinou as pessoas a amar, perdoar e a cuidar dos pobres e doentes. Isso é o que Deus espera que todo ser humano faça. Mas muita gente não escutava Jesus.

Ainda hoje é assim. Tem gente que pensa só em si mesma, e em seus problemas. Esquece-se de Deus e dos outros.

Jesus, então, comparou a vida da pessoa à construção de uma casa. Quem escuta Jesus e gosta dele, mas faz tudo diferente do que ele ensinou, constrói sobre a areia. Basta ter um pequeno problema na vida, cai tudo, desmoronam a casa e a família.

Quem escuta o que diz Jesus e coloca em prática seus ensinamentos, constrói sua vida sobre a pedra firme, dura; pode sofrer qualquer abalo que, mesmo assim, **permanecerá firme**.

6. O que aprendi de novo?

7. Oração
Glória ao Pai e ao Filho e ao Espírito Santo, como era no princípio, agora e sempre. Amém!

8. Atividade

Desenhar duas casas de papel e colar em um palito. Em seguida, coloque as casas em pé, fixando-as: uma na areia e outra nas pedras, ambas na mesma vasilha (forma ou bacia). despejar água na vasilha e observar o que acontece.

13

JESUS FAZ VIVER

1. Ler: Lucas 7, 11-17
2. Olhar a imagem
3. Reler
4. Reconstruir o texto

5. Conhecer

Jesus passava numa cidade e, de repente, viu algumas pessoas carregando um rapaz morto. Ele era o filho único de uma mulher que já havia perdido seu marido. Ela, agora, ficaria sozinha e, por isso, chorava muito.

Jesus viu aquela situação e ficou muito triste. Ele olhou para a mulher e disse: "Não chores." Ele tocou no caixão do morto e disse: "Jovem, eu te digo, levanta-te."

O rapaz levantou e voltou à vida. Todos se espantaram. Quem pode fazer um morto viver?

Somente Deus. Pois bem, então, o povo entendeu que Deus estava perto deles, porque nunca tinham visto algo assim.

Jesus não se declarava para as pessoas como Deus. Ele queria que as pessoas percebessem. Todos os sinais realizados por Jesus indicavam essa **presença de Deus** no meio do seu povo.

6. o que aprendi de novo?

7. Oração

Glória ao Pai e ao Filho e ao Espírito Santo, como era no princípio, agora e sempre. Amém!

8. Atividade

Fazer uma história em quadrinhos com a passagem de Jesus que fez viver o jovem morto.

14 A BOA SEMENTE

1. Ler: Lucas 8, 5-8 e Lucas 8, 11-15
2. Olhar a imagem
3. Reler
4. Reconstruir o texto

5. Conhecer

Jesus gostava de narrar histórias para fazer as pessoas refletirem sobre o sentido da vida, dom de Deus.

Um dia, ele contou a história de um semeador que semeou em diversos terrenos, e as sementes foram se perdendo.

Somente na terra boa é que ela germinou e cresceu e deu muitos frutos.

Depois, Jesus explicou o que significava essa história. O semeador é Jesus. A semente é a sua Palavra, seus ensinamentos sobre o amor, o perdão, a partilha e a simplicidade.

O tipo de terreno é cada coração humano.

A semente que cai, na **beira do caminho**, e vem os **pássaros para comê-las**, é o coração que gosta de Jesus, mas rapidamente esquece dele e procura outras coisas para ocupar seu tempo.

O **terreno com pedras** é o coração que acolhe Jesus, mas logo vem uma tentação para fugir do mandamento do amor, muda de opinião e esquece o que Jesus ensinou.

O **terreno com espinhos** é o coração que acolhe Jesus, mas, quando aparece a preocupação com dinheiro, com coisas desta vida, prefere abandonar Jesus e seguir seu próprio caminho.

A **terra boa** é o coração que acolhe Jesus e coloca em prática o mandamento do amor. Tudo o que essa pessoa faz reflete o amor de Jesus. Essa pessoa dá muito fruto de amor à humanidade.

6. O que aprendi de novo?

7. Oração
Pai-Nosso que estais no céu, santificado seja o vosso nome, venha a nós o vosso Reino, seja feita a vossa vontade assim na Terra como no céu. O pão nosso de cada dia nos dai hoje, perdoai-nos as nossas ofensas assim como nós perdoamos a quem nos tem ofendido e não nos deixeis cair em tentação, mas livrai-nos do mal. Amém!

8. Atividade

Usando material disponível em casa, representar os quatro tipos de terreno onde a semente de Jesus é lançada. Usar a criatividade.

Sementes com Pássaros

Sementes com Pedras

Sementes com Espinhos

Sementes na Terra Boa

15 JESUS ACALMA O MAR

1. Ler: Lucas 8, 22-25
2. Olhar a imagem
3. Reler
4. Reconstruir o texto

5. Conhecer

Jesus entrou no barco com alguns de seus amigos e dormiu. Veio uma tempestade muito forte. Os amigos com medo, chamaram Jesus. E Ele acalmou o vento e a água. Tudo ficou em paz. Jesus questionou onde estava a fé daqueles homens.

Quem tem Jesus na vida não precisa temer o perigo. Ele é paz e segurança!

Todos se perguntavam: "Quem pode dar ordem ao vento e ao mar e eles obedecerem?" Somente o Criador de tudo pode governar e mandar em tudo o que existe.

Eles não tinham entendido ainda que Deus estava no barco com eles.

 Quando estamos em perigo, Deus Pai e Jesus pedem a um anjo da guarda para cuidar de nós. **Sempre é Deus quem cuida**, por isso o anjo cumpre o que Deus pede. Vamos aprender a rezar ao anjo da guarda.

6. O que aprendi de novo?

7. Oração

Santo Anjo do Senhor, meu zeloso guardador, se a ti me confiou a piedade divina, sempre me rege, guarda, governa e ilumina. Amém!

8. Atividade

Pintar os personagens dessa passagem, recortá-los e montar a cena do Evangelho que lemos

16 JESUS MULTIPLICA OS PÃES

1. Ler: Lucas 9, 11-17
2. Olhar a imagem
3. Reler
4. Reconstruir o texto

5. Conhecer

Uma grande multidão seguia Jesus para ouvir suas palavras e ser curada de suas doenças.

A narrativa do Evangelho diz que aquele dia estava terminando, e os discípulos não tinham comida para alimentar toda aquela gente que o seguia.

Jesus disse que eles mesmos deveriam alimentar o povo.

Na verdade, os discípulos deveriam oferecer Jesus ao povo. É Jesus quem sacia toda fome que temos de vida e paz.

Então, Jesus pegou o pouco que eles tinham (cinco pães e dois peixes), multiplicou-os e pediu aos discípulos que os distribuíssem à multidão.

Todos comeram e ficaram saciados. Também hoje, ele sacia os famintos, cada vez que um de seus seguidores anuncia Jesus, cuida dos pobres, dos doentes, e dos que passam por dificuldades. Jesus continua a repetir para nós: "Vocês mesmos devem dar de comer a quem tem fome."

E a todos nós Jesus sacia com o pão vivo que é ele mesmo, a **Eucaristia**, pois o pão consagrado, recebido na missa é o corpo de Jesus. Quem come desse pão se alimenta de Jesus e ganha forças para amar como Jesus amou.

6. O que aprendi de novo?

7. Oração

Pai-Nosso que estais no céu, santificado seja o vosso nome, venha a nós o vosso Reino, seja feita a vossa vontade assim na Terra como no céu. O pão nosso de cada dia nos dai hoje, perdoai-nos as nossas ofensas assim como nós perdoamos a quem nos tem ofendido, e não nos deixeis cair em tentação, mas livrai-nos do mal. Amém!.

8. Atividade

Com o material disponível, fazer uma cesta.

Após, pintar, recortar e colar os pães e os peixes que o menino levou até Jesus.

17 O BOM SAMARITANO

1. Ler: Lucas 10, 30-37
2. Olhar a imagem
3. Reler
4. Reconstruir o texto

5. Conhecer

Jesus contou uma história para um homem que lhe perguntava sobre a quem se deve ajudar.

Na história havia um judeu machucado, isto é, um homem da mesma etnia de Jesus e de quem estava ouvindo-o. Pelo judeu machucado passaram outros judeus: um sacerdote e um levita (homem que trabalhava no templo).

Olharam e passaram adiante. Não queriam se sujar com sangue e estavam muito ocupados para gastar tempo com aquele homem caído na estrada.

De repente, passou um homem de outro povoado, da Samaria, isto é, um samaritano. Judeus e samaritanos não eram amigos, nem se cumprimentavam.

Mas o samaritano viu o sofrimento do judeu e sentiu compaixão.Tratou logo de cuidar de suas feridas e acabou levando-o para uma hospedaria.

 Jesus pergunta para o homem que escutou a história sobre qual dos três havia feito o que Deus quer? A resposta era clara: aquele que cuidou do homem caído sem se preocupar se ele era amigo ou inimigo, visto que o importante é **cuidar da vida**. Então, Jesus disse: "Vai e faze tu a mesma coisa."

6. O que aprendi de novo?

7. Oração

Pai-Nosso que estais no céu, santificado seja o vosso nome, venha a nós o vosso Reino, seja feita a vossa vontade assim na Terra como no céu. O pão nosso de cada dia nos dai hoje, perdoai-nos as nossas ofensas assim como nós perdoamos a quem nos tem ofendido, e não nos deixeis cair em tentação, mas livrai-nos do mal. Amém!.

8. Atividade

Pintar cada um dos personagens da história do Bom Samaritano e a hospedaria, depois, recortar e colar, formando um quadro.

MARTA E MARIA

1. Ler: Lucas 10, 38-42
2. Olhar a imagem
3. Reler
4. Reconstruir o texto

5. Conhecer

Jesus tinha muitos amigos e gostava de visitá-los. Em certo dia, ele foi visitar três irmãos que moravam juntos: Marta, Maria e Lázaro. Assim que chegou, foi acolhido por Marta. Sua irmã Maria logo sentou perto de Jesus para escutá-lo.

Marta também queria ficar ali, mas precisava cuidar do serviço, especialmente da refeição. Por isso ela reclamou para Jesus a respeito de sua irmã Maria que não a ajudava.

Jesus viu que Marta corria muito e se preocupava demais. Disse a ela. "Marta, Marta! Maria escolheu a melhor parte."

Acolher Jesus é mais importante que a agitação do dia-a-dia.

Há momentos para estudar, comer, brincar e há momentos também para rezar, para ficar com Jesus.

6. O que aprendi de novo?

7. Oração

Pai-Nosso que estais no céu, santificado seja o vosso nome, venha a nós o vosso Reino, seja feita a vossa vontade assim na Terra como no céu. O pão nosso de cada dia nos dai hoje, perdoai-nos as nossas ofensas assim como nós perdoamos a quem nos tem ofendido, e não nos deixeis cair em tentação, mas livrai-nos do mal. Amém!.

8. Atividade

Para recordar a história de Marta e Maria, recortar as peças seguintes e montar o quebra-cabeça.

19 DEUS CUIDA DE TODOS

1. Ler: Lucas 12, 22-28
2. Olhar a imagem
3. Reler
4. Reconstruir o texto

5. Conhecer

O Evangelho mostra que não precisamos nos preocupar demais com as coisas. Deus cuida dos pássaros do céu e das flores do campo. E cuida muito mais de nós que somos seus filhos.

Precisamos aprender a confiar e entregar tudo nas mãos de Deus que nos ama. Quando confiamos em Deus, nada nos falta.

Precisamos fazer a nossa parte e entender que nossa vida está sempre nas boas mãos de Deus.

É importante não ficar muito agitado e preocupado com as coisas deste mundo, pois **Deus cuida de nós** mais que dos pássaros e das flores. As preocupações passam, mas Deus permanece.

6. O que aprendi de novo?

7. Oração

Pai-Nosso que estais no céu, santificado seja o vosso nome, venha a nós o vosso Reino, seja feita a vossa vontade assim na Terra como no céu. O pão nosso de cada dia nos dai hoje, perdoai-nos as nossas ofensas assim como nós perdoamos a quem nos tem ofendido, e não nos deixeis cair em tentação, mas livrai-nos do mal. Amém!.

8. Atividade

Para recordar a narrativa do Evangelho, fazer, com papel, um pássaro e uma flor.

20 A OVELHA PERDIDA

1. **Ler:** Lucas 15, 1-7
2. **Olhar a imagem**
3. **Reler**
4. **Reconstruir o texto**

5. Conhecer

Jesus sempre acolheu todas as pessoas, mesmo os pecadores e as pessoas que eram rejeitadas pelos outros. No coração de Jesus, estão todos, porque somos filhos do Pai. Algumas pessoas, porém, reparavam que Jesus acolhia quem não era aceito na sociedade da época.

Jesus percebeu que estava sendo criticado. Então, contou a historinha da ovelha perdida. O homem que busca a ovelha até encontrá-la é Jesus. Ele veio a este mundo para buscar quem estava perdido, quem estava andando por caminhos errados.

Jesus disse que há grande alegria no céu quando alguém perdido volta para sua casa, para a família, para Deus. Por isso, os que estão bem, como aqueles homens que criticavam Jesus, deveriam se alegrar porque Jesus estava buscando quem estava perdido.

No coração de Deus, toda pessoa é importante. Ele faz de tudo para que ninguém se perca no caminho da vida.

Nosso Pai nos ama e por isso enviou seu Filho Jesus para **buscar quem estava perdido** e devolver a alegria às famílias.

6. O que aprendi de novo?

7. Oração

Pai-Nosso que estais no céu, santificado seja o vosso nome, venha a nós o vosso Reino, seja feita a vossa vontade assim na Terra como no céu. O pão nosso de cada dia nos dai hoje, perdoai-nos as nossas ofensas assim como nós perdoamos a quem nos tem ofendido, e não nos deixeis cair em tentação, mas livrai-nos do mal. Amém!.

8. Atividade

Usar a criatividade e fazer uma ovelhinha usando papelão, algodão e cola.

Depois colocar seu nome. Você é muito importante para Jesus.

Você vai precisar de:

 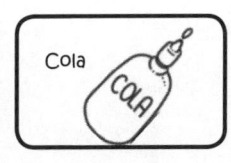  

21

O PAI AMOROSO E SEUS DOIS FILHOS

1. Ler: Lucas 15, 11-32
2. Olhar a imagem
3. Reler
4. Reconstruir o texto

5. Conhecer

Depois de contar a história da ovelha perdida, Jesus conta a história de um pai que tem dois filhos. Com essa história, Jesus quer mostrar que o Pai é Deus, e os filhos somos nós. Alguns se parecem mais com o filho mais novo e outros com o filho mais velho.

O mais novo quer liberdade, não está preocupado com o que o pai quer. Pede o direito sobre os seus bens, pega tudo o que lhe pertence e vai viver e fazer festa longe de casa. Quando falta dinheiro, somem os amigos e ele acaba sofrendo as consequências.

Deus dá liberdade para quem quer ir bem longe dele. Quando a pessoa está bem caída, pensa em voltar. Quando chega diante de Deus, Ele acolhe de braços abertos quem retorna ao seu amor. Deus ama sempre e nunca deixa de nos amar.

Já o filho mais velho se parece com quem está sempre junto de Deus, e fica com ciúmes porque o irmão que estava perdido voltou, e o pai o acolheu. Prefere que o irmão não entre na casa. O pai porém, diz que é preciso se alegrar, porque numa família todos devem se amar.

 O pai ama de igual modo a todos e quer mostrar ao filho mais novo o valor de se arrepender (de reconhecer o seu próprio erro), e ao filho mais velho, que é preciso perdoar sempre. **Isso é o que faz o amor.**

6. O que aprendi de novo?

7. Oração

Pai-Nosso que estais no céu, santificado seja o vosso nome, venha a nós o vosso Reino, seja feita a vossa vontade assim na Terra como no céu. O pão nosso de cada dia nos dai hoje, perdoai-nos as nossas ofensas assim como nós perdoamos a quem nos tem ofendido, e não nos deixeis cair em tentação, mas livrai-nos do mal. Amém!.

8. Atividade

Desenhar, pintar e recortar a figura abaixo. Ela representa o pedido de perdão do filho e o abraço que o pai deu ao filho que estava perdido.

OS DEZ LEPROSOS

22

1. Ler: Lucas 17, 11-19
2. Olhar a imagem
3. Reler
4. Reconstruir o texto

5. Conhecer

Na época de Jesus, a lepra era uma doença que atingia muitas pessoas. A doença enchia o corpo da pessoa de feridas. As demais tinham medo de pegar a doença. A lepra era muito contagiosa.

Quando alguém ficava doente, passava a morar na rua e a pedir esmolas.

Os leprosos, então, andavam em grupos, para poder viver.

Um dia, dez leprosos viram Jesus, foram ao seu encontro e começaram a gritar. Pediam que Jesus tivesse misericórdia deles. Ter misericórdia significa ter o coração voltado à miséria. Jesus mandou que fossem até o sacerdote.

Enquanto eles caminhavam, ficaram curados. Mas somente um deles voltou para agradecer a Jesus. Ele era um samaritano, um estrangeiro e diferente do povo de Jesus, que era judeu.

Jesus questionou por que os outros não agradeceram. Jesus valorizou a fé do samaritano.

É preciso saber **agradecer a Deus** e as pessoas por tudo o que fazem por nós. Quem não agradece, não valoriza tudo o que recebe.

6. O que aprendi de novo?

7. Oração

Glória ao Pai e ao Filho e ao Espírito Santo, como era no princípio, agora e sempre. Amém!

8. Atividade

Fazer alguns cartões agradecendo alguém de sua família, ou amigos, ou colegas de escola, etc.

Depois entregar o cartão.

Pode ser, também, um cartão virtual.

Você vai precisar de:

Lápis de cor e canetinhas

Cola

Tesoura

Papéis coloridos

23 ZAQUEU QUER VER JESUS

1. Ler: Lucas 19, 1-10
2. Olhar a imagem
3. Reler
4. Reconstruir o texto

5. Conhecer

Zaqueu era um homem baixinho. Ele recolhia o dinheiro das pessoas para dar ao governo da época. Era o imposto.

Acontece que Zaqueu era muito apegado ao dinheiro e, muitas vezes, cobrava das pessoas mais do que precisava. O povo não gostava dele.

Ele queria ver Jesus e, quando soube que Jesus estava passando na cidade, percebeu muita gente ao seu redor, por isso subiu numa árvore.

Mas Jesus também queria ver Zaqueu. Deus conhece o nosso coração e sabe quando estamos dispostos a mudar de vida.

Então, Jesus olhou para cima e disse: "Zaqueu, desça depressa! Hoje eu vou ficar na sua casa." Todos estranharam aquela atitude de Jesus. Por que um homem tão bom iria entrar na casa de um pecador? Mas Jesus foi buscar Zaqueu que estava perdido no seu dinheiro e com o coração fechado.

Diante de Jesus, a vida de Zaqueu mudou. Ele pediu perdão e devolveu o dinheiro que pegou injustamente das pessoas. Jesus ficou muito feliz e mostrou, mais uma vez que **Deus sempre busca quem está perdido** para levá-lo ao bom caminho.

6. O que aprendi de novo?

7. Oração

Pai-Nosso que estais no céu, santificado seja o vosso nome, venha a nós o vosso Reino, seja feita a vossa vontade assim na Terra como no céu. O pão nosso de cada dia nos dai hoje, perdoai-nos as nossas ofensas assim como nós perdoamos a quem nos tem ofendido, e não nos deixeis cair em tentação, mas livrai-nos do mal. Amém!.

8. Atividade

Usando tecido ou papel colorido fazer a cena do Evangelho que lemos.

Fazer a árvore, a casa, Jesus, Zaqueu e o saco de dinheiro dos impostos.

24 JESUS É ACLAMADO REI

1. Ler: Marcos 11,1-10
2. Olhar a imagem
3. Reler
4. Reconstruir o texto

5. Conhecer

Jesus caminhava com os discípulos para a capital do país: Jerusalém. Ele já era bem conhecido em diversas cidades. Também na capital sua fama tinha se espalhado.

Antes de entrar na cidade, Jesus pediu que buscassem um jumentinho. Os reis e poderosos entravam em cavalos bonitos e com trajes imperiais. Jesus entrou montado num jumentinho. Ele quis mostrar que não é o carro, ou a roupa ou qualquer outra coisa que vale. Jesus sempre viveu de forma humilde e simples.

Quando o povo viu Jesus entrar, todos começaram a estender seus mantos formando um tapete para Ele passar. Algumas pessoas pegaram galhos nas árvores e balançavam fazendo festa. Todos gritavam: "Este é o nosso Rei! Bendito o que vem em nome do Senhor!"

Jesus sabia que estava chegando a hora de mostrar que ele é um rei diferente. O que ninguém esperava é que ele seria coroado de espinhos, seu trono seria a cruz e que, na sua morte, ele seria reconhecido como o Rei de todo o universo

Nós celebramos essa entrada de Jesus em Jerusalém no **Domingo de Ramos**, quando são abençoados os ramos e cantamos Hosana ao Rei! O Domingo de Ramos ocorre uma semana antes do Domingo de Páscoa.

6. O que aprendi de novo?

7. Oração

Pai-Nosso que estais no céu, santificado seja o vosso nome, venha a nós o vosso Reino, seja feita a vossa vontade assim na Terra como no céu. O pão nosso de cada dia nos dai hoje, perdoai-nos as nossas ofensas assim como nós perdoamos a quem nos tem ofendido, e não nos deixeis cair em tentação, mas livrai-nos do mal. Amém!.

8. Atividade

Fazer alguns ramos para colocar na cruz. Ver o modelo abaixo.
Se preferir, pegar folhas naturais e colocar na cruz de sua casa.
Isso recordará o gesto do povo que aclamou Jesus como Rei.

25 JESUS LAVA OS PÉS DOS APÓSTOLOS

1. Ler: João 13, 2-15
2. Olhar a imagem
3. Reler
4. Reconstruir o texto

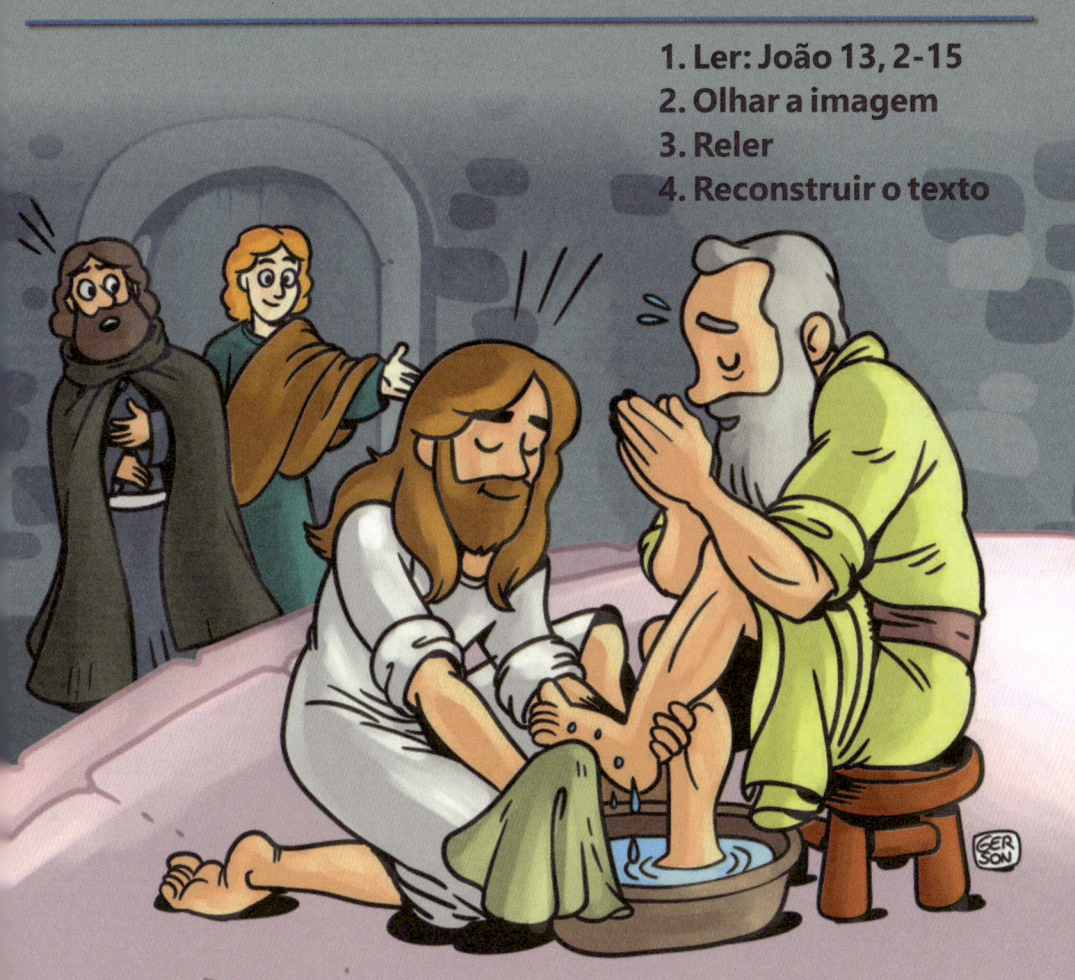

5. Conhecer

Jesus sabia que estava chegando a hora de ser preso e condenado à morte. Por isso, reuniu os apóstolos para um jantar: a última ceia.

Naquele dia, enquanto todos estavam à mesa, Jesus se levantou e começou a lavar os pés dos apóstolos. Geralmente as pessoas, ao chegarem numa casa, lavavam os pés antes de fazer a refeição.

111

As estradas eram poeirentas e lavar os pés era importante. Mas esse serviço era realizado pelos escravos ou por um dos empregados. Jesus era o mestre do grupo, todos estranharam aquele gesto dele. Pedro ficou tão incomodado que não queria permitir. Mas Jesus lhe disse da necessidade de aceitar o gesto para poder estar bem unido a Jesus.

Quando terminou de lavar os pés de todos, inclusive de Judas que traiu Jesus, ele se levantou e explicou o gesto. Disse que ele era o Mestre e Senhor e que lavou os pés para dar o exemplo de humildade. Quem segue Jesus entende que é preciso servir aos outros com humildade para estar próximo de Deus e das pessoas.

A última ceia é celebrada na Quinta-Feira Santa, quando se dá o início aos três dias de Páscoa. Na missa daquele dia, se repete o **gesto do lava-pés.**

6. O que aprendi de novo?

7. Oração

Pai-Nosso que estais no céu, santificado seja o vosso nome, venha a nós o vosso Reino, seja feita a vossa vontade assim na Terra como no céu. O pão nosso de cada dia nos dai hoje, perdoai-nos as nossas ofensas assim como nós perdoamos a quem nos tem ofendido, e não nos deixeis cair em tentação, mas livrai-nos do mal. Amém!.

8. Atividade

Desenhar, num papel, o pé de cada pessoa de sua família. Recortar, pintar e colocar o nome.

Depois colocar sobre uma toalha no cantinho da oração.

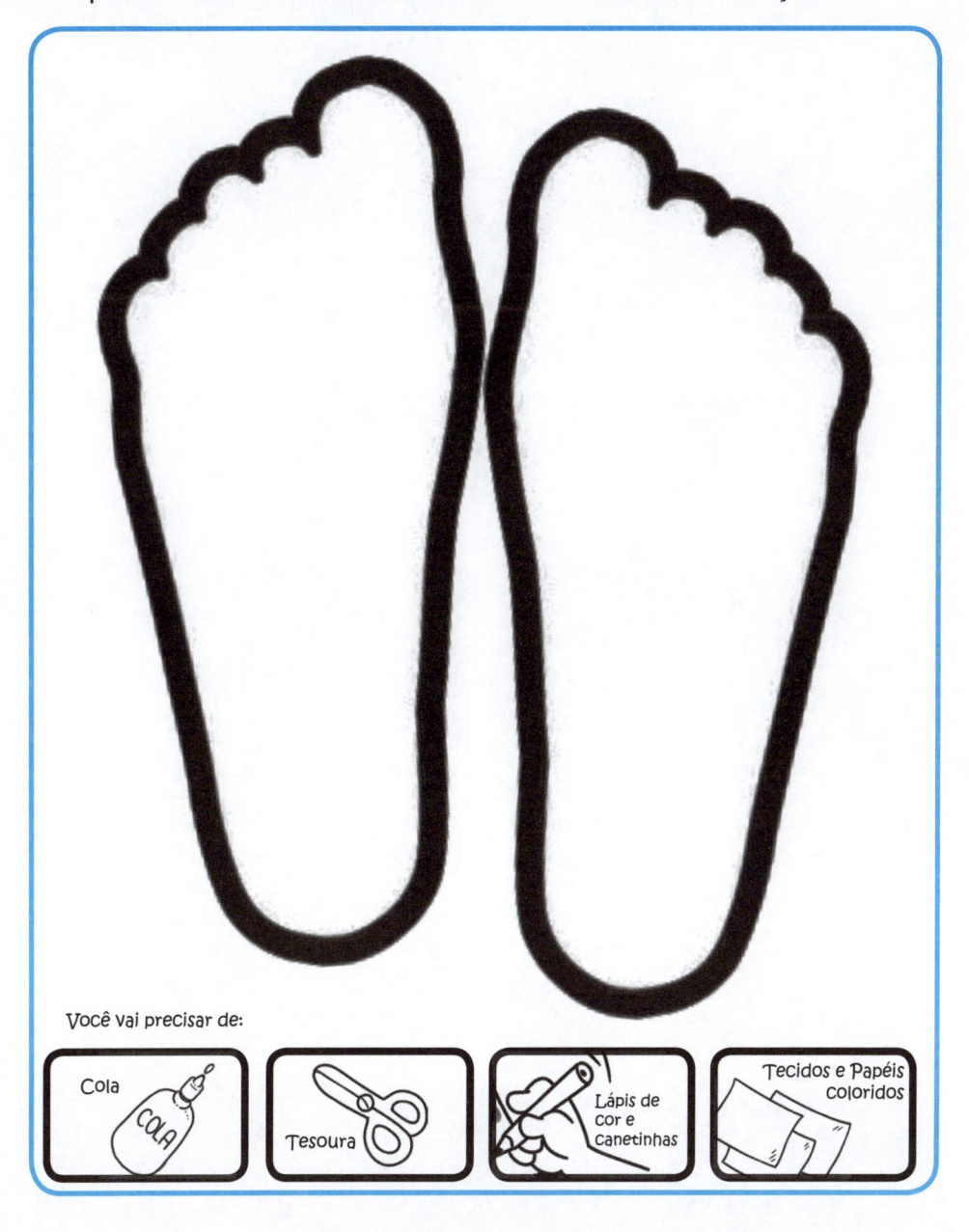

Você vai precisar de:

Cola

Tesoura

Lápis de cor e canetinhas

Tecidos e Papéis coloridos

A ÚLTIMA CEIA

26

1. Ler: Mateus 26, 26-29
2. Olhar a imagem
3. Reler
4. Reconstruir o texto

5. Conhecer

Durante a última ceia, Jesus pegou o pão e o cálice com vinho e disse: "Isto é meu corpo dado por vós. Isto é o meu sangue derramado por vós." Assim, ele anunciou que faltava pouco tempo para ser preso e crucificado.

Mas Jesus prometeu que estaria sempre com seus amigos. Todas as vezes que comemos do pão e bebemos do vinho consagrados, comungamos o próprio Jesus: seu corpo e seu sangue. Ele quis ser nossa comida e bebida, para que não nos afastemos do amor de Deus.

Jesus ama tanto a humanidade que deu sua vida na cruz e permanece se oferecendo a nós na **Eucaristia.**

Todas as vezes em que participamos da missa, fazemos memória de Jesus. O pão e o vinho consagrados são verdadeiramente seu corpo e sangue.

6. O que aprendi de novo?

7. Oração

Pai-Nosso que estais no céu, santificado seja o vosso nome, venha a nós o vosso Reino, seja feita a vossa vontade assim na Terra como no céu. O pão nosso de cada dia nos dai hoje, perdoai-nos as nossas ofensas assim como nós perdoamos a quem nos tem ofendido, e não nos deixeis cair em tentação, mas livrai-nos do mal. Amém!.

8. Atividade

Pintar, recortar e colar, montando, numa mesa de papel a cena da última ceia

1. Ler: Lucas 22, 39-54
2. Olhar a imagem
3. Reler
4. Reconstruir o texto

5. Conhecer

Depois da última ceia, Jesus convidou três apóstolos para irem com ele até o jardim das Oliveiras. Eles foram. Jesus começou a rezar ao Pai do Céu. Jesus estava muito triste, porque percebia que iria sofrer muito e ser morto. Enquanto Jesus rezava, os discípulos dormiam.

De repente, chegou um grupo de pessoas com Judas, que deu um beijo no rosto de Jesus. Com esse gesto, Judas tinha combinado de entregar Jesus. Ele ganhou 30 moedas de prata para entregar Jesus aos soldados. Pedro ficou muito irritado e cortou a orelha de um soldado. Mas Jesus restaurou a orelha e reprovou a violência.

Eles, então, prenderam Jesus e o levaram ao tribunal. Segundo ele, Jesus deveria ser julgado porque ensinava muitas coisas para o povo, especialmente porque mostrou que Deus ama as pessoas, mas é preciso perdoar, repartir o dinheiro com os pobres, cuidar dos doentes e amar até os inimigos. Muita gente achou que isso era demais.

Pagaram Judas para **entregar Jesus.** Pretendiam terminar com a missão e a pessoa de Jesus, mas Jesus sabia que o amor é mais forte do que a morte, por isso se entregou.

6. O que aprendi de novo?

7. Oração

Pai-Nosso que estais no céu, santificado seja o vosso nome, venha a nós o vosso Reino, seja feita a vossa vontade assim na Terra como no céu. O pão nosso de cada dia nos dai hoje, perdoai-nos as nossas ofensas assim como nós perdoamos a quem nos tem ofendido, e não nos deixeis cair em tentação, mas livrai-nos do mal. Amém!.

8. Atividade

Completar a cena com as falas nos balõezinhos. Usar as suas palavras, a partir do que se lembra do Evangelho lido. Não esquecer de colorir.

JESUS NA CRUZ

28

1. Ler: João 19, 17-30
2. Olhar a imagem
3. Reler
4. Reconstruir o texto

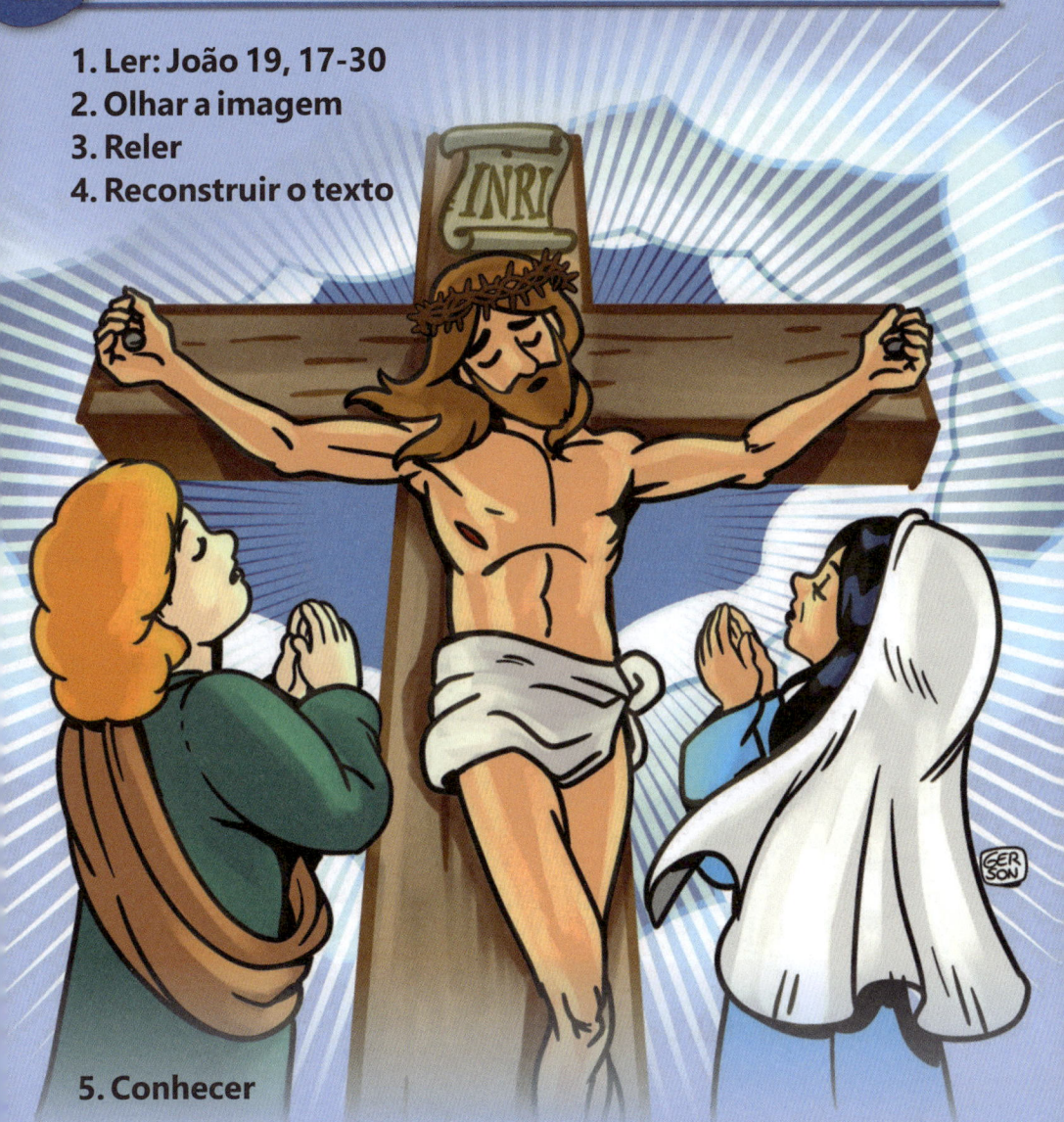

5. Conhecer

Depois que Jesus foi preso no jardim das Oliveiras, foi levado para o tribunal, onde foi julgado. Ele não havia cometido crime algum. Todos sabiam, mas deram um jeito para que Pilatos decretasse a morte daquele homem que passou pelo mundo fazendo o bem.

Decidiram que Jesus deveria morrer pregado numa cruz. No alto da cruz, colocaram uma placa com a inscrição: Jesus Nazareno Rei dos Judeus. Nos crucifixos vemos a abreviatura **INRI**. São as iniciais em latim da frase: *Jesus=IESUS, Nazareno = **N**azarenus, Rei = **R**ex dos judeus = Iudaeorum.*

Aos pés da cruz, estavam a Mãe de Jesus, Maria, e o discípulo João. Naquela hora, Jesus entregou João como filho para Maria e Maria como mãe para João.

Então, Jesus sentiu sede. Deram-lhe um pouco de vinagre, como era costume, na época, dar aos crucificados beberem.

Logo depois, ele inclinou a cabeça e morreu. Ele fez tudo o que tinha que fazer por amor a todos nós.

A morte de Jesus é celebrada na **Sexta-Feira Santa**, dia de jejum e oração. Geralmente a celebração ocorre às 3 horas da tarde, recordando a hora em que Jesus morreu.

6. O que aprendi de novo?

7. Oração
Ave-Maria, cheia de graça, o Senhor é convosco, bendita sois vós entre as mulheres e bendito é o fruto de vosso ventre Jesus. Santa Maria, Mãe de Deus, rogai por nós pecadores, agora e na hora da nossa morte. Amém!

8. Atividade

Utilizando dois galhos de árvore, ou dois pedaços de madeira, fazer uma cruz e colocar, no alto, uma placa com a inscrição **INRI**.

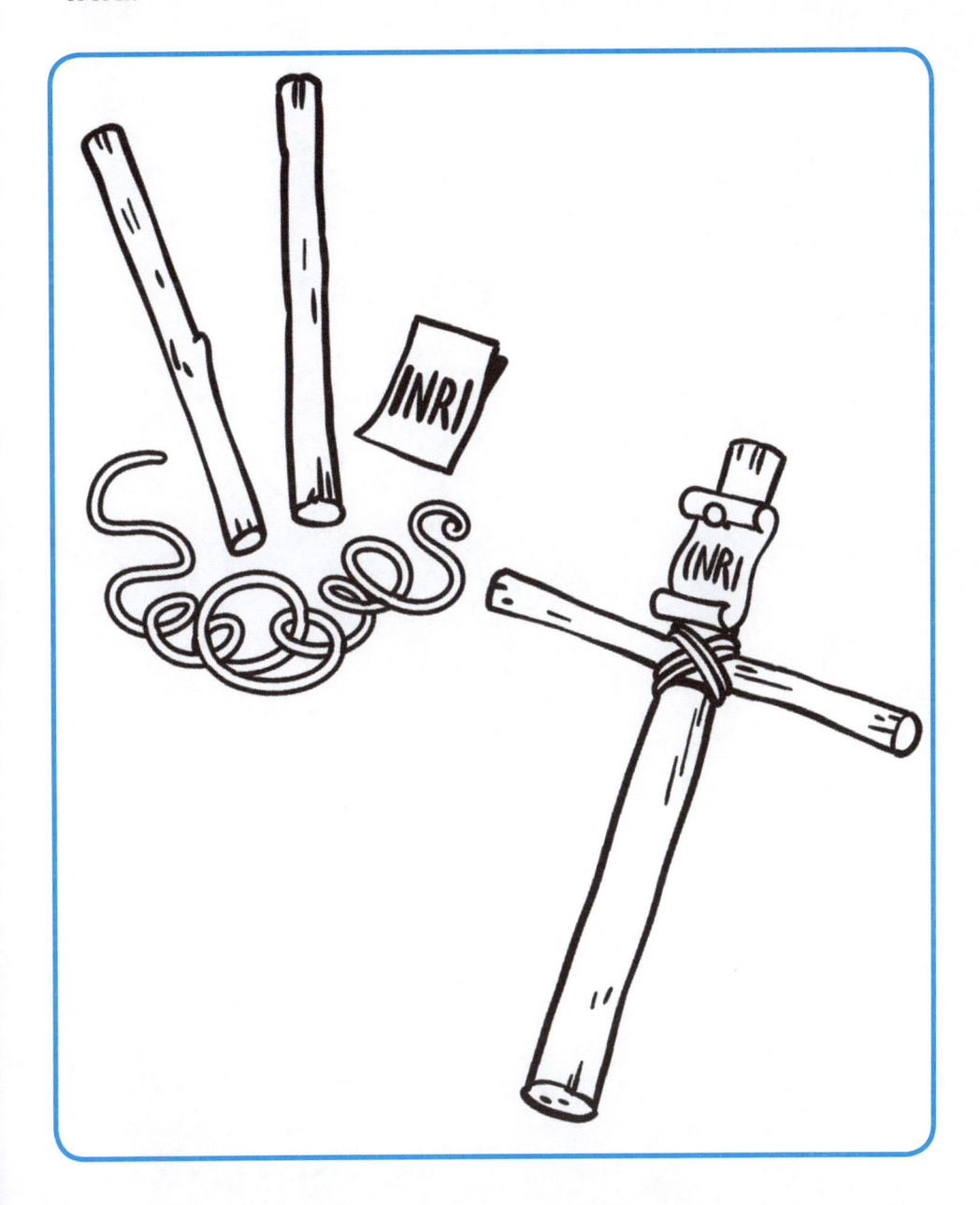

29 ONDE ESTÁ JESUS?

1. Ler: João 20, 1-9
2. Olhar a imagem
3. Reler
4. Reconstruir o texto

5. Conhecer

Depois que Jesus morreu, seu corpo foi retirado da cruz e sepultado num jardim que servia de cemitério. Era sexta-feira, quase noite. No sábado, todos ficaram em casa, porque os judeus santificam esse dia e não vão aos cemitérios aos sábados.

No domingo, bem cedo, Maria Madalena, uma das discípulas de Jesus, foi ao jardim visitar o túmulo. Lá, levou um susto. A pedra que fechava a sepultura havia sido removida, e o sepulcro estava vazio.

Ela correu para chamar os discípulos. Pedro e João também foram ver. Encontraram os panos que envolviam Jesus, mas seu corpo não estava lá.

Sem entender, voltaram para casa se perguntando o que teria acontecido. Eles não tinham entendido que Jesus havia ressuscitado dos mortos.

O cristão entende que Jesus morreu e ressuscitou para abrir-nos o caminho da vida eterna. **Quem crê em Jesus**, mesmo depois de morto, ressuscitará.

6. O que aprendi de novo?

7. Oração
Glória ao Pai e ao Filho e ao Espírito Santo, como era no princípio, agora e sempre. Amém!

8. Atividade

Usando a criatividade, montar um jardim com o sepulcro, as três cruzes e uma pedra na porta do sepulcro. Pode ser feito com elementos naturais ou de papel.

JESUS RESSUSCITOU

1. Ler: João 20, 11-18
2. Olhar a imagem
3. Reler
4. Reconstruir o texto

5. Conhecer

Depois que Pedro e João saíram do jardim, Maria Madalena ficou lá, chorando, porque o corpo de Jesus havia sumido.

Ela viu dois anjos e lhes disse que chorava porque não encontrava o corpo de Jesus.

Em seguida, Jesus mesmo apareceu, mas ela pensou que fosse o jardineiro. Quando Jesus disse: "Maria!", ela reconheceu que era Jesus, o Mestre. Tentou segurá-lo, mas Ele disse que ela ainda não podia tocá-lo, pois ele devia subir ao Pai.

Jesus está vivo e todo aquele que nele crer, mesmo que morra, viverá. Esse é o centro de nossa fé: crer na vida eterna que Jesus nos preparou.

Maria Madalena saiu correndo anunciando: EU VI O SENHOR!

Nós cremos na ressurreição de Jesus e esperamos, um dia, ressuscitar como ele. Então estaremos junto com Jesus, na casa do Pai, onde haverá vida e alegria para todos.

 Todo ano celebramos a Páscoa de Jesus que é a festa da ressurreição. **Esta é a festa mais importante de todo calendário cristão**. É a festa da vitória da vida sobre a morte.

6. O que aprendi de novo?

7. Oração

Glória ao Pai e ao Filho e ao Espírito Santo, como era no princípio, agora e sempre. Amém!

8. Atividade

Desenhar e recortar Jesus ressuscitado e o colocar no jardim que você preparou na atividade anterior.

Paulinas

Rua Dona Inácia Uchoa, 62
04110-020 – São Paulo – SP (Brasil)
Tel.: (11) 2125-3500
paulinas.com.br – editora@paulinas.com.br
Telemarketing e SAC: 0800-7010081